AF464718

UN DÉPUTÉ

PAR

UN ÉLECTEUR.

UN DÉPUTÉ

PAR

UN ÉLECTEUR

KERBORS,

ANCIEN SOLITAIRE EN RETRAITE.

« Peuple caméléon, peuple singe du maître. » LA FONTAINE.

« *Non licet omnibus adire Corinthum.* »

« Il n'est pas donné à tout le monde d'aller à..... Paris. »

« *Homo sum et nihil humani à me alienum puto.* »

« Je suis homme, et rien de ce qui touche à l'humanité ne doit m'échapper. »

TÉRENCE. — *Comédies.*

PARIS

CHEZ LES PRINCIPAUX LIBRAIRES.

1869.

Pas de préface, ami lecteur, pas de préface.

Cela t'étonne ?

Prête l'oreille, ou mieux ouvre de l'œil, tu vas saisir ma pensée.

Une préface est ordinairement de beaucoup supérieure à son livre. Aussi dit-on généralement que l'auteur de celui-ci n'a point enfanté celle-là.

Pour faire comme tant d'autres, *réussir*, il aurait fallu avoir recours à une plume exercée et perdre probablement le caractère essentiel que j'ai tenu à conserver dans ce petit opuscule : *la Simplicité.*

Enfant du peuple, j'écris surtout pour le peuple, et mon but unique dans ce petit travail est de lui prouver mon affection.

Ma bourse ne peut rien ou presque rien fournir aux malheureux que j'aime ; ma plume pourra peut-être leur produire quelque chose.

Je ne fais imprimer cette petite brochure que dans le but de faire une aumône plus considérable aux malheureux ruinés par la tempête qui a éclaté dans la nuit du 27 au 28 mai dernier, dans les cantons de St-Jouan-de-l'Isle, de Broons et d'Evran.

Si, comme dit Buffon, *le style, c'est l'homme,* beaucoup d'amis me reconnaîtront. Qu'ils ne s'étonnent point de ne pas recevoir un hommage de l'auteur ; voulant faire une bonne action, je compte spécialement sur le concours de mes amis.

Tout le bénéfice qui pourra m'en revenir sera envoyé à l'administration civile, qui saura distribuer ces secours avec intelligence.

Les hommes de cœur qui se repentiront d'avoir dépensé quelques sous pour me lire, auront au moins la consolation d'avoir fait une bonne œuvre.

KERBORS,

ancien Solitaire en retraite.

UN DÉPUTÉ

PAR UN ÉLECTEUR.

I.

Il est une question qu'aujourd'hui en France on devrait se poser. Cette question est plus que jamais à l'ordre du jour, et elle emprunte aux circonstances une importance et une gravité que seuls comprennent les gens qui savent connaître et apprécier le rôle immense que joue chez nous, peuple français, le suffrage universel.

En ce moment, on traite de toutes parts les questions électorales. On veut faire comprendre au peuple quel est son droit, quel est son devoir dans les élections.

Son droit, on le lui montre en lui adressant ces paroles solennelles :

« Peuple, tu es libre, et personne au monde

» ne peut t'imposer sa manière de voir. La loi » protége ta liberté ; et la première, elle punit » des peines les plus sévères tout citoyen con» vaincu d'avoir exercé sur un autre une pression » quelconque. »

Pour prouver au peuple la vérité de ces belles paroles, on lui cite le décret organique du 2 février 1852. On traite généralement la question d'une façon sérieuse, dans le but d'éclairer le peuple sur l'obligation où il est de remplir consciencieusement son devoir de bon citoyen, toutes les fois qu'il est à la veille de nommer un député.

C'est bien la loi, l'esprit de la loi ; mais la pratique ! Ma plume, tais-toi.

La loi, sans doute, porte la lumière dans l'intelligence des citoyens, mais elle ne traite pas une question qui pour nous est aussi importante, pour ne pas dire davantage.

Cette question, la voici :

Qu'est-ce qu'un député ?

En définissant un député pour plaire à tout le monde, comme tant d'autres, j'aurais le talent de ne plaire à personne. Ce n'est ni mon genre, ni mon goût.

Du reste, si j'agissais de la sorte, ma définition manquerait essentiellement d'une qualité que les philosophes, me dit-on, exigent de toute bonne définition : *la brièveté*.

Cependant, pour faire plaisir à plusieurs (on est toujours heureux de faire plaisir à quelqu'un), je donnerai trois définitions d'un député, mais je ne m'étendrai largement que sur celle de mon goût, et cette définition, j'en ai la douce confiance, sera celle de tous les hommes de bien de mon pays.

Avant de définir, ce qui n'est pas facile, lecteur, traitons brièvement ensemble la question historique de la députation.

Ce n'est pas d'aujourd'hui que le peuple envoie des hommes pour représenter le pays auprès du pouvoir. Sous l'ancienne monarchie, le clergé, la noblesse, les états provinciaux, les parlements, etc., avaient leurs délégués auprès du roi, et chaque député avait sa mission déterminée. La Révolution désigna sous le même titre les membres des premières assemblées nationales, et 89, qui d'abord avait exigé que tout député payât une contribution directe égale à 50 francs et possédât une propriété foncière, 89, dis-je, décida que tous les citoyens actifs pouvaient prétendre à la députation ; c'était, au dire de beaucoup, évidemment un progrès. Si la Révolution française n'avait produit que de ces sortes de décrets, on pourrait toujours se baser sur les *immortels principes* de 89.

Plus tard, la Convention, le Directoire dans le Conseil des Cinq Cents et des Anciens, eurent *leurs représentants* du peuple.

L'Empire ramena les députés.

La Restauration et le gouvernement de Juillet eurent aussi leurs chambres des députés.

De 1814 à 1848, nous avons vu se succéder jusqu'à *douze* chambres, depuis celle qui vota des lois sur l'observation du dimanche et des fêtes, jusqu'à celle qui repoussa la réforme électorale. Cette dernière fut culbutée par la Révolution de février.

Sous la première République, un député recevait 18 francs par jour, de 1789 à 1795. — De 1795 à 1799, on lui concède 8,000 francs, et en plus 5 francs par poste pour dépenses de voyages et frais de correspondance. — Après 1799, les députés touchèrent annuellement la somme de 10,000 francs. — Pendant les règnes de Louis XVIII, de Charles X et de Louis-Philippe, l'Etat ne vota aucune indemnité pour les députés. L'idée, bonne en soi (c'était près de 5,000,000 de moins à ajouter au budget), était mauvaise, à mon avis, car elle excluait immédiatement et impitoyablement de la députation tout homme qui n'avait pas au moins quelques milliers de francs de rente. Ce n'est ni la fortune ni la naissance qui donne l'intelligence, les talents et le dévouement à son pays.

Je ne suis point trop partisan des réformes; cependant, quand elles sont bonnes, je me fais toujours un devoir de les adopter. Si jamais j'étais quelque chose au Corps législatif, ce qu'à Dieu ne plaise, ou mieux si j'assistais quelquefois au conseil privé de l'Empereur Napoléon III, j'oserais lui proposer un article d'un sénatus-consulte ainsi conçu : « Tout député avouant une fortune

» de plus de 15,000 francs de rentes sera privé
» de l'indemnité annuelle accordée aux membres
» du Corps législatif par la Constitution. »

La République de 48, plus libérale dans ses allures et dans ses vues, vota immédiatement une indemnité de 25 francs par jour pour chaque député. On pouvait encore, ce jour-là, l'appeler *la bonne mère* ; car, quand un citoyen a plus de huit mille francs de revenu par an, il a de quoi vivre et largement, sans mettre en pratique l'adage : *Vivre de peu, vivere parvo.*

L'Empire, qui tout d'abord, dans sa Constitution du 14 janvier 1852, avait voulu suivre l'errement des règnes qui l'avaient immédiatement précédé, accorda, par un sénatus-consulte du 23 décembre 1852, un traitement de 2,500 francs par mois à chaque député, pour les sessions ordinaires et extraordinaires.

L'article 14 est ainsi conçu :

« *Les députés au Corps législatif reçoivent une*
» *indemnité qui est fixée à deux mille cinq cents*
» *francs par mois, pendant la durée de chaque session*
» *ordinaire ou extraordinaire.* »

De cette façon, l'indemnité montait en raison directe de la longueur des sessions ordinaires ou extraordinaires. Aussi les méchants disaient-ils, ce qui était complètement faux, probablement, que Messieurs du quai d'Orsay faisaient durer le plaisir autant que possible.

Mais l'Empereur a modifié ainsi qu'il suit l'article 14 du sénatus-consulte du 23 décembre 1852, par l'article 4 du sénatus-consulte du 10-22 juillet 1866, ainsi conçu :

« *L'indemnité attribuée aux députés au Corps législatif est fixée à douze mille cinq cents francs pour chaque session ordinaire, quelle qu'en soit la durée. En cas de session extraordinaire, l'indemnité continue à être réglée conformément à l'article 14 du sénatus-consulte du 23 décembre 1852.* »

Ceci est fort clair.

Aujourd'hui, un député a par année au moins *douze mille cinq cents francs*, et en plus *deux mille cinq cents francs par mois*, autant que dure la session extraordinaire.

Assurément, avec cette rente annuelle, un député peut vivre et s'occuper librement et uniquement des intérêts de son pays ; et si c'était un homme à vivre de peu, il serait dans une grande aisance, et à même d'en donner un bon tiers à son pays.

Voilà, au point de vue historique, tout ce qui regarde les députés. J'ai voulu être aussi rapide que possible, dans le but de ne point ennuyer les gens qui voudront bien me faire l'honneur de lire ma prose.

Avant de définir ce que c'est qu'un député, en deux mots, je veux faire voir l'importance d'en élire un bon. Et, pour faire comprendre ma pensée, je n'aurai recours qu'à la Constitution de 1852, qui concède aux députés telles et telles attributions.

L'article 39 de la Constitution du 14 janvier 1852, titre IV du Corps législatif, dit :

« *Le Corps législatif discute et vote les projets de* » *lois et l'impôt.* »

Le député a conséquemment le droit de discuter toute loi présentée par le Souverain au Corps législatif ; d'en montrer les avantages et surtout les inconvénients ; car Messieurs les avocats du gouvernement se chargent fort bien de la première partie.

On se plaint quelquefois dans nos villes et dans nos campagnes, et on dit :

« Telle loi est passée, c'est désolant. »

Souvent, en prononçant cette sentence, on a raison et on a tort.

Vous allez me parler de la loi sur l'armée, par exemple. Il est évident qu'en condamnant cette loi on a raison et on a tort.

Voir toutes les nations de l'Europe constamment sur la défensive, ne montrant leur puissance à l'univers que par le nombre de leurs soldats ou de leurs vaisseaux à éperons, des fusils Chassepot ou des canons rayés qu'ils ont dans leurs arsenaux, c'est désolant, c'est le règne de la brutalité. Si les animaux sauvages et domestiques parlaient encore comme du temps du bon La Fontaine, et surtout s'ils avaient entre eux l'entente de la révolte, je vous demande un peu si les lions du désert ne feraient pas de fameux Bismark ?

D'autre part, si toutes les nations de notre globe

sont ainsi montées en soldats et en armements, faut-il que la France reste en arrière ?

Evidemment non. Mais vous me direz : « Elle pourrait protester. »

Pas seule, toujours. C'est impossible. Si on prévoyait le quart-d'heure où la France ne serait pas à même de se défendre, bien des puissances seraient heureuses de se venger sur elle des humiliations qu'elle leur a fait subir.

Les députés au Corps législatif *votent l'impôt.*

Mais l'impôt sur tout : le sel, le vin, le cidre, le tabac, etc., etc.

Souvent vous dites que ces impôts sont trop considérables ; envoyez donc à Paris un homme qui sache entrer dans vos idées, et qui ait le courage de les défendre.

L'article 4 du sénatus-consulte du 23 décembre 1852 dit que les crédits extraordinaires, pour les travaux au compte de l'Etat, « *seront soumis au Corps législatif dans la prochaine session.* »

Que de choses il y aurait à dire sur ce sujet ! Que de plaintes formulées devant moi sur les crédits extraordinaires ! Je pourrais entrer dans plus de détails, mais on m'accuserait peut-être de faire de la photographie. Le terrain est brûlant ; assez, passons.

L'article 14 du même sénatus-consulte ajoute :

« *Le budget des dépenses est présenté au Corps* » *législatif avec ses subdivisions administratives, par* » *chapitre et par article.* »

Si, lors de la discussion du budget, le Corps législatif n'était composé que d'hommes prenant vos intérêts, croyez-vous que le budget de la France, qui n'est formé que de ce qui sort de notre bourse, serait aussi élevé qu'il l'est ?

Non, mille fois non.

De là, vous comprenez combien il importe, pour tout Français, de nommer de bons députés.

Abordons enfin la question capitale, et définissons un député. Comme nous l'avons promis au commencement de ce travail, nous donnerons trois définitions :

« Pour certaines gens, un député, c'est *un homme*

» *à idées excentriques, dont tout le mérite à la Chambre* » *est de faire de l'opposition, et encore de l'opposition,* » *et toujours de l'opposition.* »

Pour ces gens, l'homme de l'opposition *seul* est un bon député.

Pour d'autres, un député est « *un homme appuyé par le gouvernement, et qui n'a pour but que de soutenir, en tout, les projets de loi proposés par les hommes du pouvoir.* »

C'est là le député à la candidature officielle. Et on croit, aujourd'hui dans le monde, que ce candidat du gouvernement doit être le député de goût de tous les employés de l'administration. Il semble que pour eux c'est une obligation de conscience de voter pour le candidat officiel.

C'est une erreur grossière, mais n'en parlons pas; plus tard, s'il le faut, nous reviendrons là-dessus.

Pour moi, un député, je parle pour mon pays, un député est « *un catholique intelligent, indépendant,* » *dévoué à son pays, envoyé à Paris par les électeurs* » *d'un arrondissement pour défendre leurs droits et* » *soutenir leurs intérêts.* »

Sans autre préambule, je reprends ma définition et j'explique plus largement ma pensée.

J'ai dit : Un député est un *catholique*. — J'entends par catholique un homme instruit de notre religion catholique et la pratiquant. J'entends un homme, non pas comme les trois quarts des hommes d'aujourd'hui, qui ne savent même pas l'*A B C* de leur religion, et qui rougiraient de honte devant un enfant de la classe d'un frère *ignorantin*. Souvent à Paris, et nous l'avons vu surtout dans ces derniers temps, les questions les plus graves au point de vue religieux sont traitées devant la chambre des députés. Notre religion catholique, notre enseignement catholique, tous nos principes catholiques, nos institutions catholiques y sont attaqués par des hommes qui font les religieux et les dévots devant le peuple, et qui, quelquefois, au fond de leur campagne, font partie de la fabrique de leur paroisse.

Si souvent cette religion, qui est la nôtre, est attaquée, qui donc la défendra, si nous n'envoyons pas à Paris des gens qui soient catholiques et dont les convictions religieuses soient les mêmes que les nôtres ?

Si nous étions protestants, je vous dirais : Nommons des protestants. Si nous étions matérialistes, je vous dirais : Nommons des matérialistes. Si nous étions *riennistes*, je vous dirais : Nommons des *riennistes*. Mais nous sommes tous des catholiques, nommons donc des catholiques. Non pas ces catholiques que, dans le monde, on appelle des catholiques à *gros grains*, qui, dans une profession de foi, protestent de leur dévouement au Souverain Pontife et à son pouvoir temporel, mais qui, dans la pratique, ne lisent que de mauvais journaux, et tournent en ridicule les hommes de cœur qui ont le courage et le bon sens de donner extérieurement à l'Eglise des marques de leur affection.

Ne me parlez pas de ces gens-là. Je voterais plutôt pour un ennemi déclaré. J'aurais en lui un ennemi, du moins je le saurais, et je pourrais préparer ma défense. Tandis que l'autre, comme un serpent caché sous des dehors religieux, me mordrait en me caressant.

Cependant, ils ne sont pas rares ces gens qui trompent le peuple par des dehors apparents de religiosité. Ils sont plus communs qu'on ne le pense.

Devant nous, bonnes gens de la campagne, ils sont plus religieux que leur curé, et ils savent, à l'occasion, distribuer aux paysans des médailles bénites par le Saint-Père.

Qui l'aurait cru ?

C'est pourtant vrai ; ce qui prouve que ces gens-là, ces catholiques apparents sentent le besoin de paraître catholiques ; ce qui prouve que, comme nous sommes tous des catholiques, nous ne devons voter que pour un Député catholique.

Ne votons pas pour ces hommes qui ont constamment à la bouche le mot de progrès, et qui ignorent que le progrès, le vrai progrès ne vient que par le Christianisme. Ces amoureux du progrès moderne voient tout dans les machines et la matière, et tendent à faire de nous de véritables machines. Ils ignorent que nous avons une âme créée à l'image de Dieu. Ils méconnaissent la vertu, protégent le vice, et mettent en doute l'héroïsme et le dévoûment.

Peuple, réveille-toi et ne te laisse pas matérialiser et abrutir. Souviens-toi bien que les hommes qui veulent te ravir ta religion ont toujours été tes bourreaux, et que tout mauvais catholique est un mauvais Député.

J'ai ajouté *intelligent.*

Ah ! sans doute, je ne veux pas dire que notre Bretagne doive produire tous les jours des hommes de génie. Cependant elle a eu ses Du Guesclin, ses Châteaubriand et ses La Mennais ; et aujourd'hui n'a-t-elle pas fourni Billaut, Charner, Le Hir, etc.

Je ne veux pas dire par là que nous devions envoyer à la Chambre des Députés des Berryer, des Thiers et des Montalembert. Non, sans doute.

Mais je veux dire qu'un Député doit être un homme un peu plus qu'ordinaire, dont l'intelligence soit reconnue par tous ses concitoyens; un homme capable, non pas de joûter dans les luttes parlementaires avec les grands orateurs que je viens de nommer, mais un homme capable de composer un discours passable sur une matière à lui bien connue et de le débiter sans trop ennuyer son auditoire.

Je ne voudrais pas avoir pour Député un homme capable de prendre et de poser une boule rouge ou noire, capable d'opiner du bonnet seulement, et dont on n'entend jamais parler dans les comptes-rendus au Corps législatif, que quand il est nommé officiellement pour accompagner au Père-Lachaise un de ses collègues défunts.

Je voudrais un homme intelligent, capable de suivre et de comprendre un cours de droit, de saisir une loi et de la discuter, et susceptible de se perfectionner dans un milieu plus heureux.

Thiers, rédacteur du *Constitutionnel*, n'est pas le savant écrivain de *l'Histoire du Consulat et de l'Empire,* et surtout l'orateur enlevant les applaudissements de la Chambre en 1864, 1865, 1866, etc. Berryer, l'avoué de 1815, n'était pas le lion de la tribune parlementaire de France.

Le talent, l'intelligence se développent avec le temps, la position et les circonstances. Mais encore faut-il avoir de l'intelligence et des talents.

Le troisième mot de ma définition n'est pas le plus à dédaigner : *Dévoué à son pays.*

C'est une des qualités les plus essentielles pour faire un bon Député.

Que fera un Député qui n'est pas dévoué au pays qu'il représente ?

Chez lui, il emploiera les douze à quinze mille francs qu'il reçoit d'indemnité chaque année à doter ses filles et à placer ses garçons. Il augmentera sa fortune et la leur le plus qu'il lui sera possible. Par son influence, dont il n'abusera que pour lui, il obtiendra de grandes améliorations autour de ses propriétés, de celles de ses parents et peut-être de celles de quelques amis.

S'il a un beau château ou une maison de campagne quelconque, il y fera aboutir deux ou trois beaux chemins classés et entretenus par l'administration, conduisant directement à une route de grande communication.

A Paris, après la séance du Corps législatif, dont il s'absentera le plus qu'il lui sera possible, il ira prendre un bon dîner chez Véfour, au Palais-Royal. Il passera sa nuit à voir jouer la sotte pièce de *la Biche au Bois,* à la porte Saint-Martin, ou la stupide *Grande-Duchesse de Gerolstein*, aux Variétés, ou encore mieux l'ignoble représentation de *la Mariée du Mardi-Gras*, au Palais-Royal.

On lui écrira et on lui recommandera de temps en temps les intérêts de ses électeurs et de son arrondissement. Il répondra le plus souvent aux lettres qui lui sont adressées, par lui ou par un secrétaire ; au moins faut-il avoir les dehors d'un Député.

Mais, pour courir d'un ministère à un autre ministère ?

Point.

Il n'aurait peut-être plus à la fin de son mandat de six années la candidature officielle. Il ennuierait Monsieur le chef du personnel du ministère de la place Beauveau et casserait la tête au premier directeur du ministère de la rue Saint-Dominique ou de la rue Grenelle-Saint-Germain.

Au pays, en dehors des sessions législatives, que fera-t-il ?

Rien ou presque rien.

Il ira prendre les Eaux-Bonnes, en Suisse, ou

celles de Barèges, dans les Hautes-Pyrénées, ou les bains de mer loin de l'arrondissement qui l'a élu Député.

Cependant, dans le pays même qui lui fait l'honneur de le nommer, on trouve peut-être des Eaux Minérales jadis en renommée et dont il pourrait ramener la vogue; et dans son arrondissement, n'aurait-il pas de charmantes communes situées sur le bord de la mer, dans lesquelles, par sa présence, il pourrait attirer plusieurs personnages importants, qui, par leur belle position de fortune et leur générosité, répandent partout l'aisance et le bien-être.

Mais attendez.

La dernière année de son mandat, il fera visite à tous les hommes influents de sa circonscription. Il verra même les bons curés de campagne devant lesquels il paraîtra pieux comme ange et dévot comme un Jésuite. Il dira même son *Benedicite* en compagnie, s'il voit que, dans la maison où il dîne, cela est bien porté. Mais, avant de commettre une imprudence, son œil interrogera sournoisement son auditoire. Il parcourra dans quelques jours tout son arrondissement, protestant de son dévoûment au pays, et exprimant à tout le monde des regrets polis de ce qu'il n'a pu obtenir tel secours pour une maison d'école, tel autre pour la construction d'une église, etc., etc.

Cependant, il est toujours sur le point de réussir, et il semble ne se décourager jamais. Ceci se conçoit bien ; l'homme qui n'attaque pas la difficulté se décourage difficilement.

Est-ce là, Messieurs, l'homme que j'appelle dévoué à son pays? Non, évidemment non.

L'homme dévoué à son pays est *actif, bienveillant* et *généreux.*

Pendant tout son séjour dans la capitale, il n'a de repos que quand il a fait l'impossible pour obtenir tout ce qu'on l'aura prié de demander. Il faut des fonds pour une maison d'école, une église, une mairie, une justice de paix, etc. ?

Il ira d'un ministère à un autre ministère, et il assommera s'il le faut l'administration, pour qu'on lui accorde ce qu'*il est en droit d'exiger comme tout autre.*

Et puis, comprenons bien la position. On n'est

pas Député pour rien. Le titre de Député est peut-être le plus beau titre qu'on puisse porter, quand on est véritablement l'élu de son pays. Le nom de Député que donne le suffrage universel fait considérer un citoyen tout autrement que comme un homme ordinaire. Ce titre vous ouvre presque toutes les portes ; et il est si facile de s'insinuer, quand on aime véritablement son pays.

Voyez un homme dévoué aux malheureux. Il fait en leur faveur mille démarches qu'il ne ferait pas pour lui ; il subit mille humiliations qu'il ne supporterait jamais pour obtenir la plus belle position du monde.

On va faire visite en sa qualité de Député chez Monsieur un tel, chez Madame une telle. Là on rencontre dans le monde Monsieur le chef du personnel du ministère de l'intérieur, des cultes, des travaux publics, etc., le Directeur de l'enregistrement, des domaines, des postes, des forêts, etc., etc., Monsieur l'amiral X., Monsieur le général Z., etc.

Là on s'occupe de son arrondissement ; et c'est un des côtés les plus délaissés du mandat de Député au Corps législatif. J'ai ça sur le cœur et je vais tout dire. On dira peut-être que c'est par ambition et que, vieux déjà, je n'ai pu obtenir une belle position sociale; mais, peu m'importe, je vais avant tout dire ce que j'en pense.

Je ne suis plus jeune, et depuis plus de vingt années j'ai vu bien des choses se passer sous mes yeux. J'ai toujours entendu dire qu'une heure de protection dans tous les états (j'en excepte l'état ecclésiastique, pour faire plaisir à mon vénérable recteur que j'aime beaucoup), même un quart-d'heure de protection vaut mieux que dix années de bons services. C'est exagéré peut-être, je me plais à le croire, mais n'importe. Bien des fois j'ai ouï dire à mes amis : « Je n'ai jamais eu de punition dans mon service, aucune mauvaise note, et je n'avance pas. Tu ne sais pas pourquoi? Il me manque un protecteur, et je n'avancerai jamais. »

Dans chacun de nos arrondissements, n'avons-nous pas cinquante, cent jeunes gens qui végètent dans toutes les administrations possibles, contributions directes, indirectes, télégraphes, postes, etc., dans la marine ou l'art militaire? Combien n'avons-nous pas de veuves de soldats, d'enfants de marins, de jeunes filles d'honorables employés, qui les unes ont droit à une pension ou indemnité, les autres à un bureau de tabac ou à un bureau de poste ?

Un Député actif deviendrait le protecteur naturel de tous ces jeunes gens, de toutes ces veuves, de tous ces orphelins qui, nés la plupart de la classe moyenne, n'ont pas de relations assez élevées pour se procurer des protections, de l'avancement et des secours.

Combien de malheureux vieillards, hommes et femmes, meurent de misère au fond de nos campagnes, et qui ont le temps de mourir de faim cent fois avant d'obtenir un bouillon de l'hôpital !

Combien d'enfants abandonnés, qui, par la négligence de certaines administrations que je ne nomme pas, deviennent un gibier de bagne et de guillotine, au lieu de faire de bons citoyens, de braves soldats ou d'intrépides marins !

Je veux encore, et on ne saurait me taxer d'exigence, qu'un Député soit *bienveillant,* et bienveillant vis-à-vis de tout le monde.

Est-ce la bienveillance qui caractérise en général tous les hommes haut placés ?

C'est désôlant à dire, mais on peut rarement leur accorder ce titre.

Voici ce qui se passe en général :

A la porte de Monsieur le Député, soit à Paris, soit en province, se présente un homme ou une femme de bas étage, peut-être de la bonne classe ouvrière.

Cette personne a plus ou moins la mise du jour, et sa tenue annonce peu la distinction.

Elle sonne.

Un garçon se présente.

— Que demandez-vous? dit d'un ton sec un jeune homme souvent doué d'un bon natrel, mais que sa position de laquais de Monsieur le Marquis ou de Monsieur le Vicomte de X., et aussi peut-être, il faut tout dire, les ordres de son maître, ont rendu presque prétentieux.

— Que demandez-vous ?

— Je demande, dit la suppliante, d'une voix modeste, si commune en malheur, je demande Monsieur le Député de l'arrondissement de X...

— Attendez un instant....

— Je vais voir si Monsieur le Marquis y est.

Il part.

Le maussade ne se souvient même pas de son origine. Il a oublié que son vieux père est à finir ses jours dans un hôpital des Petites Sœurs des Pauvres !

Il ne prie même pas la personne d'entrer.

Il connaît les idées de son maître à ce sujet, et l'habit du visiteur ne lui a pas inspiré beaucoup de confiance.

Le garçon en livrée, des pieds à la tête rouge comme un homard sortant d'un bain-Marie ou d'un court-bouillon, arrive à la porte de son maître.

Pan... pan.

— Entrez.

— On demande Monsieur le Marquis.

— Qui donc me demande ?

— Je ne saurais dire à Monsieur le Marquis.

— Encore ?

— Je ne connais pas cette figure.

— Enfin ?

— Monsieur le Marquis, je crois que c'est un homme du peuple.

— Que veut-il ?

— Il a en mains des papiers.

— Que veut-il avec ses papiers ?

— Je ne saurais dire à Monsieur le Marquis.

— C'est encore un malheureux qui vient me casser la tête... Je suis fatigué... Je reviens du Père-Lachaise.... Enfin.... dites que Monsieur n'y est pas.

Le garçon se présente à la porte cochère, et, d'un ton grave, il prononce la formule reçue, j'allais dire sacramentelle :

— *Monsieur le Marquis n'y est pas.*

Ce qui veut dire, écoute bien, lecteur, ce qui veut dire :

Monsieur le Marquis est là...

Notre Député est là...

Celui pour lequel nous votions tous il y a deux ans est là...

Ce Monsieur le Marquis, qui était si bien et si poli pour nous il y a quelque temps seulement... est là...

Cet homme, revêtu d'un habit à la dernière mode... est là...

Lui qui faisait si bien les saluts comme on les fait à Paris, et qui, dans la grande route... dans la rue... même dans une auberge, te donnait à toi des poignées de main comme on en prodigue à ses vieux amis d'enfance... est là...

Celui qui tant de fois avait promis de te protéger... est là...

Celui qui avait dit au jeune homme du peuple : Ecris-moi, mon garçon, ou prie Monsieur de m'écrire pour toi, je te ferai parvenir... est là...

Celui qui avait dit à la veuve, trois jours avant son élection : Faites-moi parler... rappelez-moi tout ce que vous me dites... venez me trouver... je m'occuperai de vous et de vos enfants... est là...

Ce Monsieur qui avait dit au vieux marin devenu infirme après cinquante années de services : Pauvre vieillard, vous êtes bien malheureux... êtes-vous à plaindre !... pour comble de malheur, vous avez perdu la vue, le sens qui rajeunirait vos vieux jours... et personne ne songe à vous... je vous obtiendrai le premier bureau de tabac vacant... est là...

Oui, il est là... malgré la formule reçue :

— *Monsieur n'y est pas...*

— Non, Monsieur le Marquis n'y est pas.

Monsieur n'est là ni pour l'ouvrier qui meurt de faim, ni pour l'orphelin qui meurt de froid, ni pour la veuve qui n'a pas assez de pain à donner à ses enfants, ni pour le soldat, ni pour le marin qui ont usé leurs forces et leur santé au salut de la patrie, dont les cicatrices, les infirmités et les souffrances répètent à tout homme de cœur leur courage et leur dévoûment.

— Non, Monsieur le Marquis n'y est pas.

— Mais pourquoi donc Monsieur le Marquis n'y est-il pas ?

— Oh ! pourquoi ?

— Mais oui, pourquoi ?

— Monsieur le Marquis fume son cigare....

Monsieur le Marquis fait sa partie d'échecs, de billard ou de boston...

Monsieur le Marquis est séduit par les attraits délicieux de la conversation gracieuse d'une femme coquette...

Monsieur le Marquis doit présenter Madame la Marquise à Monsieur le chef du personnel du ministère de X....

Monsieur le Marquis fait faire ce soir sa première entrée dans le monde à sa fille aînée, qui revient des Oiseaux...

Monsieur le Marquis doit aller au bal ce soir...

Monsieur le Marquis part pour le spectacle...

Et le malheureux qui pleure à la porte est dans la triste obligation de médire sur le compte de son Député, qu'il avait considéré jusqu'ici comme son meilleur protecteur, et sur lequel il avait fondé sa dernière espérance dans cette circonstance critique...

Mais attendez.

Ne vous troublez pas.

Faites les cent pas quelques minutes devant la porte de Monsieur le Député.

Passez ; voilà le bon moment.

Une main d'albâtre vient de tirer délicatement le bouton de la clochette.

Le garçon se présente.

Du bout des lèvres, une femme charmante, parlant comme elle ne parle jamais à ses domestiques, ce n'est pas de bon ton, dit au laquais qui se présente :

— Monsieur le Député est-il là ?

— Je ne sais trop, Madame, répond poliment le garçon... Mais entrez donc, Madame... Je n'ai pas vu sortir Monsieur le Marquis... Je vais voir si Monsieur le Député est là.

On introduit Madame à la brillante toilette, au chapeau plat, aux cheveux à la dernière mode, à la robe à queue, etc.

Le laquais va trouver son maître.

— Pan, pan.

— Entrez.

— On demande Monsieur le Marquis.

— Qui donc, François ?

— Une femme du haut monde.

— Bien, bien, mon ami. Faites entrer.

— Je me rends.

Voilà comment les choses se passent ordinairement.

Et cette femme qui n'a besoin de vous que pour tirer vanité dans le monde d'une visite à un membre du Corps législatif, cette femme est parfaitement reçue.

Et le malheureux, le pauvre, l'ouvrier qui a le plus immense besoin de votre protection est, comme on dit, *expédié.*

Cependant, on sait que sa voix vaut bien celle de Madame la Comtesse aux jours des élections... Mais non ; je me trompe, Madame la Comtesse a ses fermiers, ses laquais, ses domestiques ! et toute cette armée de valets de première et de seconde classe votera pour Monsieur le Marquis, s'il a quelques heures à perdre de temps en temps pour Madame la Comtesse.

Moi je voudrais, j'ai le droit de le dire comme tout autre, je suis électeur, je voudrais un Député qui, autant que possible, habitât le chef-lieu ou une commune de l'arrondissement, pendant tout le temps en dehors des sessions législatives, et qu'il fût à la portée de tout le monde.

Il aurait ses jours de réception fixés... de telle heure à telle heure, tel jour de chaque semaine. S'il lui fallait tout le temps de son séjour en province pour s'occuper des intérêts de ses commettants, il devrait l'employer *uniquement* à cela et s'en trouver fort heureux.

En fin de compte, n'est-il pas payé ?

Je voudrais que chez lui tout le monde fût bien reçu :

Riches,

Pauvres,

Ouvriers,

Propriétaires,

Paysans,

Citadins,

N'importe.

Il se doit à tous, et c'est un devoir sacré pour lui de travailler et d'être bon pour tous.

Voilà dans quel sens j'entends le mot *bienveillant.*

La seconde marque de dévouement que je voudrais rencontrer dans un Député au Corps législatif, c'est *la générosité.*

Est-il riche ? Il n'a pas besoin des 12,500 francs d'indemnité que la loi lui accorde chaque année. Donc, il peut et il devrait, me semble-t-il, en doter chaque année son arrondissement. Non pas en payant des fûts de cidre dans toutes les auberges, au grand jour de son élection ; non pas en soudoyant ses courtiers électoraux à raison de 15 et 20 francs par jour, plus de quinze jours avant l'ouverture du scrutin ; non pas à faire blanc de son épée sur les places publiques, y étalant par vanité une philanthropie ridicule.

Oh ! si le peuple le savait ! il ne s'y laisserait pas prendre.

Mais il y a mille moyens d'employer ses 12,500 fr. chaque année.

Pendant son séjour en province, le Député doit visiter ses électeurs. Il va autant que possible dans toutes les communes de son arrondissement. Là il voit Monsieur le Maire, Monsieur le Curé, les Conseillers Municipaux, les personnages les mieux posés et les plus intelligents de la localité (car souvent ils sont impitoyablement exclus du Conseil Municipal des communes ; ils seraient gênants).

Le Député s'informe des besoins de la commune. Ici, c'est une maison d'école à construire ; là, c'est une halle à bâtir ; ailleurs, c'est une église, un presbytère, une justice de paix (je connais des endroits où tout est à faire), une mairie ou un hôtel-de-ville, peut-être une sous-préfecture....

Etant au courant de toutes ces questions-là, mieux que personne, il sait que, pour telle construction, entreprise dans telles conditions, par telle commune, on peut avoir tel secours du gouvernement ; que, pour telle autre œuvre publique, il aura tel autre secours, etc.

Il voit où en est la commune.

Ne serait-il pas nécessaire, pour réussir dans une entreprise d'intérêt commun, de faire une souscription en forme et autorisée par l'autorité préfectorale ?

Très bien.

Il se met à la tête de la souscription pour 100 fr., 200 fr., 500, 1,000 fr., selon les circonstances, sa fortune et l'importance du bâtiment à construire.

Cet argent-là, je vous le demande, sera-t-il bien placé ? Sera-t-il mieux employé que l'argent dépensé dans une auberge en libations scandaleuses, pour la démoralisation de nos populations rurales et le déshonneur de nos candidats ?

Tout homme de bien, tout homme qui aime véritablement son pays, tout homme qui a le sentiment de l'honneur, et auquel répugne la pensée d'une bassesse, dira que j'ai cent fois raison.

Mais, on entend dire tous les jours : « Il faut des dépenses pour les élections. Sous le régime actuel, nous ne jouissons pas assez des libertés électorales, pour que tout se fasse sans frais. »

Je réponds : Non, il ne faut pas ces dépenses inutiles, ces dépenses corruptrices, ces dépenses démoralisatrices. Mais, où nous menez-vous donc, vous, hommes de progrès ? vous nous conduisez à toutes brides à l'abrutissement.

J'ai connu un de mes amis qui a fait une élection avec vingt sous de dépenses.

Viendront plus tard de plus beaux jours pour mon pays, je l'espère. Et ces élections, j'en ai la douce confiance, ne seront plus la source de scandales, de divisions, de haines et de guerres intestines continuelles.

Mais, pour cela, il nous faut la liberté des élections : il faut que nous soyons libres, il le faut. Il y a assez longtemps que nous autres, catholiques, nous la demandons, cette liberté. Si on accorde à tant d'autres le droit de vomir tous les mensonges et toutes les infamies contre notre religion, à tout le moins qu'on nous concède le droit de nous défendre.

Je vous le répète, viendront pour nous des jours meilleurs, dans lesquels tout bon citoyen connaîtra son devoir et saura le remplir.

Alors, on n'entendra plus sortir d'aucune bouche l'injonction menaçante et scandaleuse qui suit : *Si vous ne votez pas comme nous, prenez garde !*

votre position en dépend. — Je tiens le fait de plusieurs témoins auriculaires.

Tous se souviendront, je l'espère, de l'article 39 du décret organique du 2 février 1852, ainsi conçu :

« *Ceux qui, par voie de fait, violence, menaces*
» *contre un électeur, soit en lui faisant craindre de*
» *perdre son emploi ou d'exposer à un dommage sa*
» *famille, sa personne et ses enfants*, seront punis
» d'un emprisonnement d'un mois à un an et
» d'une amende de cent francs à mille francs. —
» *La peine sera double si le coupable est un fonc-*
» *tionnaire public.* »

Peuples de nos villes et de nos campagnes, relisez cet article avec confiance, et souvenez-vous que c'est sous l'Empire, en 1852, qu'il a été promulgué. Ne craignez donc plus les gens qui viennent vous intimider de la sorte. Ce sont des ignares ou des violateurs de la loi. Dans le premier cas, accordez-leur votre pitié ; dans le second, couvrez-les de votre mépris.

Que tous les catholiques soient sur pied aux prochaines élections. Que tous s'entendent et se donnent la main. C'est l'union qui fait la force, et l'audace qui donne la victoire. C'est un devoir sacré pour nous tous d'éclairer les gens qui nous entourent, ce peuple qui, parfois, est si malheureusement trompé, ce peuple qui, trop souvent, ne sait pas écouter ses amis.

Nous nous plaignons souvent de n'avoir pas assez de liberté ; j'entends la liberté de faire le bien et de punir le mal ; tout bon citoyen sera de mon avis. Si nous n'en avons pas plus, c'est que nous envoyons à Paris des Députés qui, d'une part, demandent de mauvaises libertés ; d'autre part, des hommes qui n'en demandent pas du tout et qui ne savent même *pas en demander*.

La troisième qualité requise pour faire un bon Député, c'est qu'il soit INDÉPENDANT.

Oui, indépendant, non pas par position ; ne lui créez-vous pas une belle position, en lui donnant 12,500 francs de rentes par année ? mais j'entends indépendant *par caractère*.

C'est si rare aujourd'hui, un homme qui ne se vend pas. Il est si facile de se vendre ! On trouve des acheteurs tous les jours et dans toutes les positions sociales.

Cependant, quand on se vend, on ne dit ni à son ami, ni à son ennemi : *Je me vends.* On ne se le dit même pas à soi-même, on a honte. Mais on s'arrête à mille considérations plus spécieuses les unes que les autres.

On se dit : « C'est réellement assommant de » mener la vie que je mène. Ma position n'est » plus tenable. N'est-ce pas impossible de lutter » contre les circonstances ?... Je suis bientôt à » bout d'haleine. Après tout, est-ce de la fermeté » d'agir de la sorte... ne serait-ce point de l'en- » têtement ? Dans ces conditions, du reste, la vie » est insupportable. Tous les jours, ce sont de » nouvelles attaques. Malgré la bonté de mes idées, » les faits souvent me condamnent brutalement. » La patrie et son amour, c'est quelque chose de » beau, sans doute, l'intérêt commun, l'abnéga- » tion de soi, c'est splendide... mais la famille » avant tout. Et dans cette famille, ne me jalouse- » t-on pas ? n'est-on pas médiocrement satisfait de

» ce que je n'ai pas obtenu un si beau poste
» qu'un tel, le fils de notre voisin? Ne serait-on
» pas flatté davantage de me voir occuper une
» position plus en rapport avec mes talents? ne
» rendrais-je pas plus de services à mon pays si
» j'étais plus haut placé? n'ai-je pas été dénoncé
» plusieurs fois à mon chef de file, qui, dans les
» jours de ma jeunesse, m'affectionnait beaucoup,
» et qui, depuis plus de vingt ans, ne me regarde
» que de côté? Mes amis, me dit-on, me tournent
» en ridicule par derrière; mes ennemis sont
» enchantés de me voir me compromettre en disant
» trop haut la vérité. Je fais de la peine à ceux
» qui m'aiment, etc., etc. »

Et à la suite de ces beaux raisonnements, qui n'ont pour principe que l'ambition et le désir d'arriver, on fait le bas dos, on fait le plongeon.

Oh! honte!! est-ce possible!

Oui, voilà où on en vient aujourd'hui.

Quel abâtardissement de l'esprit humain!

Quel avilissement du caractère français!

Nous ne savons plus mettre en pratique notre vieil adage:

PLUTÔT MOURIR QUE DE SE VENDRE !

Potiùs mori quam fœdari !

Un Député qui ne sera pas indépendant par caractère fera tout comme le voudra son chef de file. Il votera tout ce qu'on lui demandera ; un seul signe du maître fera céder sa conscience et ses convictions. Il ne criera ni contre les impôts, ni contre les abus. Il aurait peur de se faire des ennemis. Pour lui, il ambitionnera une seule chose, les honneurs. Si aujourd'hui on fait briller à ses yeux le joujou de la Légion-d'Honneur, il fera tout pour se faire colorer la boutonnière.

Croyez-moi, mes amis, jetez les yeux sur un homme indépendant par caractère, un homme qui votera en âme et conscience, sur un homme qui ne fera pas de l'opposition pour faire de l'opposition, c'est absurde ; mais qui, en temps et lieu, fera de l'opposition toutes les fois qu'il le jugera bon dans vos intérêts.

Ce Député sera VOTRE Député et non le Député d'un parti. Il ira à Paris pour censurer ou approuver les actes du pouvoir, selon qu'ils seront bons ou mauvais, et non pour dire *Amen* à chacune de ses actions, quelles qu'elles soient.

Je me résume, ou mieux je me répète : Nommons un Député catholique, intelligent et indépendant et dévoué à son pays.

KERBORS,

ancien Solitaire en retraite.

POSTFACE

OU

POST-FACE.

Les hommes graves,

Les académiciens,

Les jurisconsultes,

Les difficiles,

Les prétentieux,

Les anti-cléricaux,

Les susceptibles,

Les sucrés,

et

les sucrées, surtout,

ne liront pas les pages suivantes.

INTRODUCTION.

Si tu ne comprends pas tout, lecteur, ne t'effraie pas, car certain mot jeté au hasard de la plume sera peut-être un éclair pour des intelligences supérieures. L'esprit n'est pas donné à tous, et l'esprit de l'un est souvent nul pour un autre. Saisis donc tout ce que tu pourras et ne te plains jamais de l'auteur ; il a pour toi et il aura toujours les meilleures intentions.

POSTFACE OU POST-FACE.

J'avais promis de ne pas te faire de préface, lecteur ; j'ai tenu parole, tu dois être content de moi.

Mais une chose que je ne t'ai pas promise du tout, c'est de ne pas te faire de post-face.

Je ne sais si ce mot est français ; cela m'inquiète fort peu, et toi aussi, j'en suis sûr ; tu ne tiens pas de sitôt à faire partie des Quarante que Piron caressait de son fouet.

Je dois donc dire, comme j'entendais un jour un orateur plus prétentieux que célèbre :

« Le mot n'est pas français ; mais n'importe, il » rend ma pensée, c'est tout ce qu'il me faut. »

Je vais donc te faire une post-face, lecteur, en deux mots ou en un seul ; postface ou post-face, ce n'est pas la question, c'est l'affaire du maître d'école. — Après tout, si la chose te fait plaisir, nous la mettrons au concours pour l'année prochaine. Les inspecteurs, à leur tête M. le conseiller général, excellent choix quelquefois, en seront les juges naturels.

Je veux dire que je vais faire une derrière ou après-face.

Franchement, ce n'est pas facile à traduire, ce latin-là.

On m'a toujours dit, dans mon cours d'humanités, que je n'étais pas fort en thême ; je ne suis pas beaucoup plus fort en version.

Enfin, tu me comprends, et cela me suffit.

Mais peut-être, disons mieux, sans aucun doute, il faudra te donner les raisons de ce travail qui t'arrive, en apparence, un peu hors de propos.

Ecoute bien.

Je suis sous le coup de la loi.

— Et bien ?

— Mais oui, mon bon, je suis sous le coup de la loi, et ça donne un vilain coup, la loi.

— Serait-ce un mandat d'arrêt ?

— Oh ! non, ami, le temps des mandats d'arrêt est passé.

Nous vivons sous un régime de liberté, et bientôt la prison préventive aura fini son temps.

L'Empereur, qui a été trompé longtemps par quelques-uns de ses faux amis, commence à revenir de toutes ces erreurs-là.

C'était bon pour épouvanter les enfants, on l'a compris. Il y a des gens chez nous qui en savent long là-dessus.

Néanmoins, néanmoins, mon très cher, je suis sous le coup de la loi.

Et comment ?

Comment ?

Je vais en deux mots te raconter toute cette affaire.

Tu sais, lecteur, que je fais une bonne œuvre, et que si ma plume trotte si lestement sur le papier, c'est qu'elle sent le besoin de venir au secours des malheureux.

Néanmoins, la loi est la loi, et il faut toujours observer la loi, et tant que ce sera la loi, disait l'artiste, ce sera toujours la loi.

Voici donc la loi.

Cependant, depuis le 19 janvier dix-huit cent soixante-huit, je te l'ai dit, nous vivons sous un régime de liberté, disons mieux, et notre dire sera peut-être approuvé par la majorité (pas de la Chambre), nous vivons sous un régime de promesses de liberté.

Peut-être n'as-tu pas lu cette charmante épistole ?

— Et vaut-elle la peine d'être lue ?

— Oh ! je crois bien.

— Ah ! oui.

— Elle est belle, elle est bonne, autrement, pour le français, où on dit aussi : elle est belle et bonne, ou bellebonne. C'est un vieux souvenir d'enfance.

— Après ?

— Elle est bien orthographiée, et si certains calomniateurs ont voulu avancer que l'élève de Brienne ne savait pas écrire en français lors de son expédition de..... d..... d'Egypte, je pourrais peut-être faire erreur.... on ne saurait en dire autant du neveu que de l'oncle. *La Vie de César* est là qui parle bien haut, n'est-ce pas, M. Dubruy?

— Non Duruy.

Voici donc le texte de cette excellente lettre.

Quelle bonne nouvelle pour un commencement d'année !

On ne pouvait nous donner de meilleures étrennes, enfants.

— Moi j'aime mieux les pralines, et moi les dragées.

— Allons, lis-donc, et ne fais pas l'enfant.

Texte même de la Lettre Impériale.

(Extrait du *Moniteur*).

L'Empereur a adressé au Ministre d'Etat la lettre suivante :

« Palais des Tuileries, le 19 janvier 1867.

» Monsieur le Ministre,

» Depuis plusieurs années, on se demande si nos institutions ont atteint leur limite de perfectionnement (tout semble perfectible, même les Constitutions, les Sénatus-Consultes en font foi), ou si de nouvelles améliorations doivent être réalisées ; de là une regrettable (mot parfaitement choisi) incertitude qu'il importe de faire cesser.

» Jusqu'ici, vous avez dû lutter avec courage (oh ! c'est vrai !) en mon nom pour repousser des demandes inopportunes (il s'y prend bien) et pour me laisser l'initiative de réformes utiles lorsque l'heure (oh ! heureux temps !) en serait venue.

» Aujourd'hui, je crois qu'il est possible de donner aux institutions de l'Empire tout le développement (cela se fait attendre, mais enfin ça commence à venir ; on a bien raison de dire que l'Empereur est plus libéral que son entourage. Ses amis, pas les cléricaux, disent : Il est comme le Pape ; quels mauvais cardinaux il a !) dont elles sont susceptibles, et aux libertés publiques une extension nouvelle, sans compromettre le pouvoir que m'a confié la nation.

» Le plan que je me suis tracé (bon en théorie, mais en pratique !) consiste à corriger les imperfections que le temps a révélées et à admettre les progrès compatibles avec nos mœurs (quelle bonne idée), car gouverner, c'est profiter de l'expérience acquise et prévoir les besoins de l'avenir (on ne peut mieux).

» Le décret du 24 novembre 1860 (les Ministres sans portefeuille ne s'en plaignent pas), a eu pour but d'associer plus directement le Sénat et le Corps législatif à la politique du gouvernement ; mais la discussion de l'Adresse (elle est morte ; respect aux défunts trépassés !) n'a pas amené les résultats qu'on devait en attendre ; elle a parfois passionné inutilement l'opinion, donné lieu à des débats stériles (M. Glais-Bizoin et feu M. de Boissy n'acceptent pas l'épithète), et fait perdre un temps précieux pour les affaires (avec cela que depuis ce temps les séances, il faut le reconnaître, à part la dernière, peut-être, sont plus courtes !) je crois qu'on peut (dubitatif !), sans amoindrir les prérogatives des pouvoirs délibérants (ne craignez pas, elles sont bien portées), remplacer l'Adresse par le droit d'interpellation (difficile à limiter).

» Mais là ne doivent pas s'arrêter les réformes qu'il convient d'adopter (vois-tu, lecteur ?) une loi sera proposée (nous la tenons !) pour attribuer exclusivement aux tribunaux correctionnels l'appréciation des délits de presse (nous avançons), et supprimer le droit discrétionnaire du Gouvernement (c'est de la dernière importance).

» Il est également nécessaire de régler législativement (à Nîmes surtout) le droit de réunion, en le contenant dans les limites (sans baïonnettes) qu'exige la sûreté publique.

» J'ai dit l'année dernière que mon Gouvernement voulait marcher sur un sol affermi, capable de supporter le pouvoir et la liberté (sublime ailleurs, mais pas chez nous, dit le voisin).

» Par les mesures que je viens d'indiquer, je n'ébranle pas le sol que quinze années de calme (j'avais lu de paix) et de prospérité ont consolidé. Je l'affermis davantage, en rendant plus intimes mes rapports avec les grands pouvoirs publics, en assurant par la loi aux citoyens des garanties nouvelles (quelles remuantes paroles !) en achevant enfin le couronnement de l'édifice élevé par la volonté nationale. (Sublime !)

» Sur ce, Monsieur le Ministre, je prie Dieu qu'il vous ait en sa sainte garde. (N'en doutons pas ; enfin, jusqu'ici la prière est exaucée. Les autres meurent ; il ne se rend pas).

» NAPOLÉON. »

Tu vois, lecteur, que c'était du bonbon qu'il nous promettait, notre cher et digne Empereur. Il a tenu parole.

— Tu as sans doute entendu parler de la loi de la presse ?

— Et oui ; après ?

— Les unes, car il y en a plus d'une douzaine, — ça ne se vend pourtant pas pour des amendes, sois sûr, — les unes datent de dix-sept cent quatre-vingt-treize...

Dix-huit cent cinq,

Dix-huit cent neuf,

Dix-huit cent dix,

Etc., etc., etc.,

Etc.,

Etc.

Enfin, on peut dire que les gens qui sont chargés de les pondre depuis la découverte de l'imprimerie n'ont pas manqué à leur devoir, et s'il y avait une distribution solennelle des prix présidée par Monsieur feu Dupin, en gros souliers, on ne saurait à qui donner le prix d'honneur.

Depuis mil sept cent quatre-vingt-treize jusqu'à mil huit cent cinquante-deux, nous comptons plus de neuf cent quarante-trois articles, en plus de soixante-huit pages d'impression, mais d'une finesse (pas la loi), d'une finesse typographique telle qu'on peut à peine lire, lors même qu'on aurait le nez armé d'une paire de lunettes larges et rondes comme des meules de moulin.

La plus vieille loi date, je crois, de quinze cent quarante environ, et la dernière est toute fraîche éclose, elle date de l'an de grâce mil huit cent soixante-huit.

Il faut bien le dire, envieux, elle n'est probablement pas la plus mauvaise.

On récrie beaucoup contre elle. Je ne la défendrai pas. Je suis trop mauvais avocat pour cela ; il faudrait savoir escobarder (style ancien) comme je ne saurais le faire, ou être *très rouhé* (style moderne), ce que je ne suis pas.

D'autre part, il faudrait être plus au courant du droit français.

Je l'avouerai franchement ; si quelquefois je fais à Victor-Alexis-Désiré Dalloz, — pas le député moderne, mais Dalloz père, du Jura, le libéral de la Restauration, — l'honneur de consulter son *Répertoire méthodique et alphabétique de Jurisprudence générale*, c'est beaucoup plus par besoin et par respect pour lui que pour m'accuser d'être son disciple, malgré tout l'honneur qui m'en reviendrait, et le plaisir que j'en éprouverais.

Je ne veux donc pas me constituer le défenseur de la loi de la presse de l'an fécond dix-huit cent soixante-huit ; je ne m'en sens ni le courage, ni l'adresse, ni la force, ni la volonté; je craindrais peut-être de faire certains *lapsus linguœ* qui me feraient sans doute comparaître par-devant certain personnage de la sixième ou septième Chambre à toi bien connu, et qui, je te l'assure, ne me manquerait pas.

Néanmoins, dans l'intérêt que je porte à notre excellente administration, — moi je l'aime beaucoup, notre administration, — je vais avec toi, lecteur, parcourir rapidement les lois sur la presse, depuis leur origine à peu près.

— Et ton coup de la loi, tu n'en parles plus ?

— A la fin, je te raconterai tout. Instruis-toi ; on ne l'est jamais trop.

Tu me demanderas peut-être la raison de cette longue histoire, pas longue du tout, sois sûr.

Mon cher, c'est de la dernière importance.

Si en effet, d'un bond, j'allais, comme un docteur en droit en présence de jurisconsultes éminents, arriver aux conclusions après avoir posé quelques prémisses seulement, armé de ton seul bon sens et étant fort peu au courant de toutes les légalités (chose impossible aujourd'hui, à moins de posséder la mémoire de François-Xavier de Feller ou de Jean Pic, comte de la Mirandole et de Concordia), tu ne pourrais que très péniblement me suivre dans ma course au steeple-chase.

C'est assommant à lire, c'est vrai, mais ça ne te coûtera pas autant à lire que cela m'a coûté à écrire. Si tu étais logé comme moi ! et par le temps qui court, le baromètre marque trente-deux degrés ! et puis, quelle rue que la nôtre ! pour la traverser, souvent il faudrait s'armer d'un nez de bois.

Voici donc l'histoire.

Il y avait (pas une fois), mais à peine un siècle que l'imprimerie avait été introduite en France par Guttenberg, ou Jean, ou Hams Gensfleisch, ou, écrivent les autres, Gensfleisch de Sulgeloch, patricien, qui, par suite de la mort de son premier associé André Dritzchen, fit un petit tour légal à la Bastille de Strasbourg ou d'ailleurs, et fut ruiné par les procédés peu délicats de son autre co-sociétaire Jean Fust, etc., etc.

On a évidemment mal orthographié ce nom-là. Prononcez à l'allemand u-ou. Après tout, il n'y a pas d'orthographe pour les noms propres, dit l'Académie ou Napoléon Landais, pas tous les deux, je le parierais.

Et bien, quoi qu'il en soit, je ne m'amuserai point à rétablir l'orthographe de ce mot célèbre et si bien porté par l'ancien imprimeur ; car il y a par le monde tant de gens de sa famille, qu'ils pourraient bien, quoique parents très éloignés, m'intenter un procès.

Et les hasards sont si grands de nos jours, que je pourrais bien me voir condamné à quelques milliers de francs d'amende, chose fort embarrassante pour moi, qui n'ai pas le moyen de payer l'impôt. Et malheur ! les prestations sont bientôt doublées — pour jouir d'un bénéfice à la renverse.

L'incidente est bonne et longue, n'est-ce pas ? Nage toujours, lecteur.

Je disais donc :

Il y avait à peine un siècle que l'imprimerie avait été introduite en France par Strasbourg, que le roi de ce temps-là exigeait déjà une approbation spéciale accordée par l'Université, et sans laquelle on ne pouvait publier aucun livre.

Plus tard, le roi Henri II — pas le boîteux de nom ni d'esprit, paraît-il, mais boîteux en concessions libérales, — lança un édit, le onze décembre quinze cent quarante-sept, par lequel il ne concédait à personne le droit d'approuver la publication d'un livre. Il réservait ce droit à Sa Majesté royale seule.

Par une ordonnance du dix septembre quinze cent cinquante-trois, le même roi défendait, sous peine de la corde, de publier aucun ouvrage sans sa permission.

C'était sévère, hein !

Plus tard, un édit de quinze cent cinquante-sept punit de mort (oh !) les auteurs des livres tendant à critiquer la religion (Messieurs du *Siècle*, de *l'Opinion Nationale*, de *l'Avenir National*, des *Côtes-du-Nord* même, vous ne seriez pas blancs devant l'édit royal !) tous livres tendant à *émouvoir les esprits et à troubler la tranquillité de l'Etat*.

C'est le texte, lecteur ; Dieu, comme c'est élastique !

Il semblerait fait en caoutchouc — moral, s'entend, — presqu'aussi bien connu de ce temps-là que de nos jours. Machiavel, qui a eu tant de successeurs, Machiavel venait de fermer l'œil, et comme testament il avait légué à l'Europe étonnée son prodigieux paquet de ficelles.

En as-tu vu des sauteurs de cordes depuis ce temps-là !

Notre siècle, qu'on appelle si prétentieusement le siècle des lumières, dont le diable tient la chandelle, est un des plus célèbres qu'ait rencontrés l'histoire au point de vue machiavélique. On pourrait, je pense, et beaucoup plus justement l'appeler : *le siècle des ficelles.*

Charles IX, qui avait pour précepteur l'illustre écrivain Amyot, envoyé, paraît-il (c'est bon à savoir par le temps qui court, depuis nos dernières olevietteries, n'est-ce pas, Monsieur le Député), en quinze cent cinquante et quelques années, par-là, et qui, ami naturel des lettres, avait tout intérêt à s'en constituer le protecteur.... Charles IX, disons mieux, sa trop illustre maman Catherine de Médicis, femme du précédent, lança en quinze cent soixante-six la fameuse ordonnance de Moulins, et de la sorte diminua considérablement les rigueurs inventées déjà contre la presse.

Ne lui en voulez pas, Messieurs les rigoristes ; chez elle, c'était un prodige. Elle n'était ni tolérante, ni libérale par nature, la bonne femme ; la Saint-Barthélemy est plus éloquente contre elle que contre la religion catholique, quoi qu'en disent tous nos braillards modernes.

Mais, ô douleur ! cet heureux temps ne dura que quelques années.

Charles IX était mort ; le traducteur de Plutarque et de Longus, notre cher protecteur, n'était plus le précepteur du roi. Il était, comme son élève et son maître, descendu dans la tombe, emportant assez peu avec lui les sympathies de ses diocésains.

Une ère nouvelle apparaissait à l'horizon.

Un despote aux bas rouges, plus communs de ce temps-là que de nos jours, n'en déplaise à Messieurs les défenseurs modernes du bas clergé, avait flatté les goûts de la reine-mère.

Il n'y avait que très peu de jours qu'il était au pouvoir, quand il rétablit les lois peu libérales des siècles précédents.

C'était pour lui et même pour nous, mais en sens inverse, une seconde *journée des dupes*.

Cette loi, peu favorable au développement de

l'intelligence, et surtout peu encourageante pour les imprimeurs et les gens de lettres, rétablit toutes les rigueurs antiques contre les malheureux écrivains et éditeurs responsables ; et on peut dire sans crainte de se tromper que jusqu'à la grande Révolution française, la liberté d'écrire fut très restreinte et très précaire.

Quatre-vingt-neuf arriva !!!

Moment de révolution, moment d'effervescence, moment d'exaltation, moment d'exagération.... assez.

Enfin, le grand coup était donné, le coup *nécessaire*, disent les uns; le coup *utile*, disent les autres ; on peut dire, sans erreur, et un grand orateur moderne aurait pu exprimer sa pensée, sans encourir le blâme de presque tous ses amis, le coup *sanglant* était porté au cœur de la monarchie française, et par des hommes qui n'auraient pas vécu sans glands.

L'Assemblée Constituante, en *dix-sept cent quatre-vingt-neuf*, nous annonçait pour la presse les plus beaux jours, disent Messieurs les libéraux.

Les Constitutions de *dix-sept cent quatre-vingt-*

onze, de *dix-sept cent quatre-vingt-treize,* de *dix-sept cent quatre-vingt-quinze,* an trois de la République, nous étaient tout-à-fait favorables.

Pour la première fois depuis la fondation du globe, l'an du monde *cinq mille sept cent quatre-vingt-neuf* depuis la création, depuis la venue de Jésus-Christ, *dix-sept cent quatre-vingt-neuf ans,* LA LIBERTÉ DE LA PRESSE FUT PROCLAMÉE.

Et vous croyez, peut-être, que dans ce moment heureux de concessions libérales, on pourra tout dire, tout écrire ?

Détrompez-vous, naïf enfant.

Les mauvais républicains de ce temps-là valaient bien les mauvais républicains d'aujourd'hui.

Ils aiment beaucoup la liberté, mais pour eux.

Comme disait un chansonnier moderne, plus ou moins parent de papa Lisette :

> Ils la promettent, sans doute,
> Et pour eux la gardent toute.

Lisez plutôt, pour vous convaincre du libéralisme de ces braves gens de *quatre-vingt-treize.*

C'était quelques jours après, que la terrible

République lançait la déclaration des droits de l'homme et consacrait la liberté de la presse.

C'était *du vingt-neuf au trente-et-un mars dix-sept cent quatre-vingt-treize.*

On lit :

Décrets relatifs aux écrits tendant à provoquer le meurtre, et la violation des propriétés.

Les termes sont délicieux.

Messieurs les comtes et les marquis, Messieurs les curés, qu'en pensez-vous ?

La Convention nationale décrète que ceux qui provoqueront par leurs écrits le meurtre, et la violation des propriétés, seront punis :

1°. De la peine de mort, lorsque le délit aura suivi la provocation ;

2°. De la peine de six ans de fers, lorsque le délit ne l'aura pas suivie.

Ceci est assez naturel, et on ne saurait blâmer la Convention nationale d'un tel décret, quoi qu'elle se condamnait à mort par ses propres paroles, attendu qu'il résulte des débats :

1°. Que, sans excitation de la part de personne,

elle commettait le meurtre en faisant promener partout son infâme guillotine ;

2°. Et qu'elle violait le droit de propriété en dépouillant de leurs biens les barons et les marquis, les évêques et les curés, sans aucune raison avouable, etc.

Tiens, je me croyais tout-à-l'heure président de cour d'assises.

Allons, patientez ; la République a produit mieux que cela.

On se plaignait, il n'y a qu'un instant, de la corde de Henri II ; mais voici l'échafaud de l'excellente et maternelle République.

Lisez.

Vingt-neuf, — trente-et-un mars dix-sept cent quatre-vingt-treize.

Décret relatif aux auteurs-colporteurs de décrets tendant à la dissolution de la Convention, au rétablissement de la royauté et de tout autre pouvoir attentatoire à la souveraineté du peuple.

ART. I.

Quiconque sera convaincu d'avoir composé ou im-

primé des ouvrages ou écrits qui provoquent la dissolution de la représentation nationale, le rétablissement de la royauté ou tout autre pouvoir attentatoire à la souveraineté du peuple, sera traduit en tribunal extraordinaire ET PUNI DE MORT.

ART. II.

Les vendeurs, distributeurs et colporteurs de ces ouvrages ou écrits seront condamnés à une détention qui ne pourra excéder trois mois, s'ils déclarent les auteurs, imprimeurs et autres personnes de qui ils les tiennent. S'ils refusent cette déclaration, ils seront punis de deux années de fers.

C'était libéral, hein ? Encouragement général à la dénonciation.

Le Comité de Salut Public, ce dévot enfant de l'infâme à la mamelle caillouteuse, trouvant que la liberté de la presse gênait la sienne, n'avertit ni ne supprima les journaux.

Il envoya *vingt-cinq* rédacteurs en chef à l'échafaud.

Plaignez-vous encore de ce bon temps-là !

Le Directoire ne fut pas moins bon que son papa.

Par un arrêté du dix-neuf fructidor, il supprima *cinquante-quatre* journaux, et fit passer aux oubliettes rédacteurs, imprimeurs et propriétaires.

Sur les Cinq-Cents, il est sûr que plusieurs avaient le cœur bien placé.

Et plus tard, les lois du 9 fructidor an VI, — toujours de la bonne République française ! — plaça les journaux et les feuilles périodiques sous l'inspection secrète de la police.

A la fin du dernier siècle, — c'est le cas de dire *in caudâ venenum;* pour vous, Mesdames, dans la queue le bouquet, — au moment de la promulgation de l'an VIII (*dix-sept cent quatre-vingt-dix-neuf*), il ne fut plus question le moins du monde de la liberté de la presse ; et nous voyons le nombre des journaux limité par le décret du 8 pluviôse.

Et encore, qui mieux est, cet arrêté libéral autorisait les consuls à supprimer tous les journaux qui énonçaient des doctrines contraires aux principes du gouvernement.

C'était bien l'ère de la liberté, n'est-ce pas ?

Oui, pour les gouvernants, comme toujours.

Aussi, voyons-nous l'Empereur Napoléon, Consul et Empereur des Français, premier du nom, de si douce et tolérante mémoire, n'est-ce pas, Père Gonzalvi? nous le voyons, dis-je, supprimer d'un seul trait de plume

vingt-cinq journaux.

Il n'oubliait que *le Journal des Débats*, qui, à cette époque, paraît-il, n'avait aucune importance, sans doute à cause de la faiblesse de sa rédaction.

Et cependant le père Bertin, oui, ou Bertin l'aîné, ne manquait pas de verve, il le prouva dans la suite. Il fallait cela ; il n'avait pas de fonds, il eut forcément recours, pour la fondation du journal devenu célèbre depuis, aux économies d'un vieux bas-bleu de bonne maison.

Dix-huit cent quatorze arriva et coula le bronze qui s'en fut jusqu'à Moscou.

Et Waterloo, qu'en diras-tu?

Rien. Je suis libre de me taire, voyez-vous.

On se plaindra encore de nos lois d'aujourd'hui.

Il avait fait assez d'omelettes comme cela (qui, il ? le renard), ainsi que le lui avait dit le bon cuisinier du mont Cassin.

Dix-huit cent quatorze.... la Charte ne fut pas beaucoup plus généreuse pour nous, si ce n'est en apparence.

Quelques années plus tard apparut la fameuse loi *de dix-huit cent dix-neuf*, dont on fait si bien l'application en certains lieux, à certains points de vue, surtout quand les prêtres y sont.

Comme ses grand'-mères depuis la République, elle prend rang dans le Code Napoléon à un article intitulé : *Appendice au Code Pénal.*

Ce qui veut dire, comprends-tu, lecteur? que ces lois sont plutôt faites pour punir que pour diriger.

Aux rigueurs que contenaient les lois du 17 mars 1819, du 26 mai 1819, du 9 juin 1819, la loi du 22 mars 1822 ajouta que l'autorisation préalable du gouvernement serait nécessaire pour fonder toute espèce de journal.

Après l'arrivée de Martignac, pour lequel les Jésuites ont toujours des *requiem æternam* à part, une loi du 18 juillet 1828 entra dans des voies plus libérales pour la publication des journaux.

La Révolution de 1830 rendit à la presse toute sa liberté.

C'était le règne des cadets, pendant que les aînés voyageaient pour leur instruction.

Ils étaient libéraux, ces cadets-là. C'était le moyen de passer. Aussi voyons-nous les délits commis par la voie de la presse rentrer dans le droit commun et être soumis au jugement du jury.

Mais Fieschi, Pepin et Morey n'étaient pas loin avec leur machine infernale de la rue du Temple !

Le père Philippe faillit y perdre sa pipe et y boire sa dernière moque.

Cet attentat produisit une telle impression sur l'esprit du roi, qu'il lança contre la presse française les fameuses lois, dites de septembre, qui faillirent donner une entorse spirituelle à tous les malheureux imprimeurs et éditeurs de ce temps-là.

Ils étaient devenus tellement peureux, qu'un écrivain du temps du pauvre roi Louis-Philippe disait :

« Si jamais nous avons besoin de défenseurs de

la patrie, n'allons jamais chez les imprimeurs, la patrie serait en danger. »

La Révolution de 48 rétablit quelques jours la liberté de la presse, on pourrait dire la licence.

Mais Cavaignac, l'honnête républicain, malheureusement fils de son père, suspendit un grand nombre de journaux politiques.

Voyant l'abus de la licence, il rétablit le cautionnement et le timbre, ce qui en condamna beaucoup à mourir subitement.

Enfin, des dispositions sévères furent édictées par les lois du 27 juillet 1849 et du 16 juillet 1850.

Quelle scie, lecteur, que tout ce dédale de lois ! mais console-toi, nous arrivons.

Il a fallu nager longtemps, et à travers les récifs et les difficultés.

Salue le coup d'Etat, lecteur.

— Non, je ne le saluerai pas.

— Allons, enfant, tu boudes.

— Non, je ne boude pas.

— Mais, tu ne sais donc pas, il a sauvé la France !

— Et la pauvre République aussi.

— Enfin, mon ami, ne pleure pas, ce serait en vain.

Voyons ensemble ce que la loi de 1852 a de si terrible pour nous, sous le gouvernement libéral de Sa Majesté triplée.

Tu sais que, Dieu merci, nous avons obtenu quelque amendement à ce sujet; et, espérons-le, nous continuerons dans cette voie-là.

Mais ralentissons le pas, n'allons pas trop fort en désirs, on pourrait bien ne pas nous suivre en actions.

Après tout, ne blâmons pas; la prudence, tu le sais, ton grand-père te le disait souvent, la prudence est la...

— Oui, est la mère de l'absurdité.

— Non, tu dis mal; la prudence est la mère...

— De la surdité.

— Non, de la sûreté.

Donc, la première loi de l'Empire (1852) qui nous a régi longtemps, — nous sommes en 1868, seize ans, tu comprends, c'est long; (pauvres écrivains, ai-je fait des vœux pour vous ! l'Empereur aussi) ; cette loi donc voulait que toutes les fois qu'un auteur traitait une question politique, il eût au moins fait éditer dix feuilles d'impression, et, mon ami, c'est beaucoup, dix feuilles. Cela fait au moins 240 pages d'un volume in-12 ordinaire.

Quand on a de la verve pour cent pages, on n'en a pas pour deux cent quarante. Et ce n'est pas le tout d'écrire, c'est de pouvoir.

— Mais pourquoi fallait-il deux cent quarante pages in-12 ?

— Oh ! pourquoi !

— Ce n'était pas absolument nécessaire pour tout homme qui a le moyen de vivre de ses rentes et de payer de larges impôts.

Mais pour l'homme à la position précaire, il le fallait bien.

— Pourquoi ?

— Si on n'avait pas deux cent quarante pages d'impression, on donnait à Monsieur le Fisc, pour maculer notre volume avec son placard sombre, la somme de cinq centimes, un sou, par feuille d'impression.

Ce qui, bel et bien, quand on avait neuf feuilles d'impression, nous faisait quarante-cinq centimes pour le petit opuscule, au fisc seulement.

Je ne mens pas, lecteur, et, j'en suis sûr, tu ne doutes pas un instant de ma sincérité. Mais on aime généralement les choses au net, et, pour te faire plaisir, je vais te citer mot à mot cette loi, qui date encore de l'empire du progrès.

Lois sur la Presse, article 376, décret organique du 15 février 1852, an de grâce, probablement.

CHAPITRE II.

ARTICLE IX.

Les écrits périodiques traitant de matières politiques ou d'économie sociale, qui ne sont pas actuellement en cours de publication, ou qui, antérieurement à la présente loi, ne sont pas tombés dans le domaine public, s'ils sont publiés en une ou plusieurs livraisons ayant moins de 10 *feuilles d'impression de vingt-cinq à trente-deux décimètres carrés, seront soumis à un droit de timbre de cinq centimes par feuille.*

Et à la suite, l'article *onze* vient nous annoncer la peine qu'il faudrait subir, si nous ne nous soumettions pas à la loi du rond noir.

Si l'amende ne dépasse *cinquante mille francs*, elle ne peut être moindre de

deux cents francs.

Donc, déjà pour obéir à la loi, il fallait au moins donner 45 centimes pour le timbre seulement.

Si, d'autre part, on payait à l'imprimeur *cinquante centimes*, à l'éditeur *quarante centimes* pour les faux frais, correspondances, etc., vendant la brochure un franc, je vous demande en quelle monnaie on payait le talent de l'auteur ?

En monnaie de singe, sans doute.

On n'avait pas seulement un exemplaire pour envoyer à ses amis.

Tu saisis, lecteur !

Mais vive la liberté !

Les mauvais jours qui passent si lentement sont enfin finis ; tout s'améliore.

La lettre du 19 janvier, ci-devant citée dans son entier, nous avait promis de belles étrennes.

Aussi faut-il dire que nous sommes plus heureux et que la position des pauvres écrivains devient de plus en plus facile.

Il ne faut pas se décourager; avec le temps, quand nous pourrons en supporter davantage, nous obtiendrons tout ce que nous demandons.

L'an de grâce ou non 1868 a été plus heureux que les années précédentes.

Malgré l'opposition de certains ministres ou gens de la majorité, la loi plus libérale, à mon point de vue du moins, élaborée par les ordres et sous les yeux de l'Empereur, proposée par le Conseil d'Etat, a passé, et voici la position qui nous est faite, et pourquoi il me faut encore écrire quelques pages.

Console-toi, lecteur, nous touchons à la fin.

La loi qui nous régit aujourd'hui date du 11 mai 1868.

Elle me rend grand service, à moi personnellement, et je me fais un devoir d'envoyer mes congratulations à tous les membres du Corps législatif qui l'ont votée.

Il faut toujours être sincère, et ne jamais manquer de féliciter les gens qui le méritent. Surtout n'être pas ingrat. Pour moi, c'est une grosse affaire : produire 100 pages au lieu de 240, surtout quand on n'est pas plus en verve que je ne suis.

Ce n'est pas que cette loi soit sans fautes. Que produit l'homme de parfait ici-bas ? Mais, sur beaucoup d'autres, elle aurait l'excellence.

Cependant, on pourrait lui adresser certains reproches, et ils seraient, dit-on, bien mérités.

Je ne me prononce pas en matière aussi grave et aussi récente, car nous devons supposer bien de l'intelligence à tous les gens qui sont à Paris pour représenter notre France, si intelligente.

Néanmoins, je lis dans le journal *l'Union de l'Ouest*, d'Angers, les lignes qui suivent :

Je vous demande pardon, Monsieur Jules André, de vous citer tout chaud, mais je suis enchanté de trouver l'heureuse occasion de vous féliciter de votre prose souvent très spirituelle.

Je n'essaierai pas de prouver ma seconde proposition, dans l'intérêt du journal ; ceux qui voudront s'en convaincre peuvent s'abonner à l'excellente feuille de M. de Cumont, auquel je ne puis adresser qu'un reproche, celui de ne pas nous donner plus souvent de ses tartines poivrées, salées, etc., etc.

Je vais donc prouver ma première proposition qui dit que la loi sur la presse du 11 mai 1868 n'est pas exempte de tout reproche.

Lisez :

Extrait du journal *l'Union de l'Ouest*, vingt-troisième année (le père a des chevrons), n° 167.

Deuxième édition.

Jeudi 16 Juillet 1868.

BULLETIN DU JOUR.

« La sixième Chambre du jour vient de donner » une forte leçon à Son Eminence Monsieur Baro- » che » (c'est étonnant, il n'en avait jamais mérité ; jamais il n'avait fait de brioche, pas même en 1863 ; ce n'est pas moi qui le dis, ne m'accuse pas, mauvais plaisant ; d'autres l'ont dit en cordons d'or, et...) « garde des sceaux » (qui montent et qui descendent, disait injustement Monsieur Dupin. Quelle comparaison pour un jurisconsulte !) « et à Son Eminence Monsieur Pinard, Ministre de l'intérieur ; » (le si haut exalté du *Figaro*, le grand plaideur, à la Chambre, des candidatures officielles, si peu à la mode de nos jours que certains préfets n'en veulent plus. Mais ne parlons pas de ce vilain passé ; Monsieur Pinard a fait son *meâ culpâ* et il nous promet ces jours-ci une candidature indépendante) ; « qui voudra soutenir maintenant que la loi du 11 mai 1868 » est une loi bien faite ? »

Quelle hardiesse, Monsieur Jules !

Vous vous attaquez à deux cent soixante et plus de personnages légalement nommés par les citoyens de France, sans parler des ministres avec ou sans portefeuilles, et à tous les plaideurs gouvernementaux ; c'est peu prudent, laissez-moi vous le dire.

Il continue :

Il est un peu fort, cet article... dam ! ce n'est pas moi qui le blâmerai.... Le rédacteur qui ne dit pas la vérité à ses lecteurs n'est digne d'aucune considération ; au contraire, il n'a droit qu'au mépris public.

Comptez.

Je ne compte pas. Ce n'est pas mon affaire, et puis j'aurais trop d'ouvrage. Il y en a à Paris, en province, même en Bretagne ; mais il faut, vous le savez, avant tout faire fortune, au détriment de ses convictions et de sa conscience.

Je vous en prie, continuez à lire :

« Non seulement elle renferme » (cette loi toute fraîche éclose) « des articles inexécutables. »

Inexécutables !!!

Oh ! mais, c'est effrayant !!!

Comme chez Nicolet, vous allez toujours de plus fort en plus fort.

« Même pour les magistrats. »

Cependant, ils sont une paire d'amis, et ils doivent garder le plus délicieux souvenir de leur ancien collègue.

« Comme l'article 13. »

Citons, pour être mieux compris :

APPENDICE AUX LOIS DIVERSES.

11 Mai 1868.

Extrait du Complément des Codes Royer-Collard.

Format de poche pour l'année 1868.

LOI

PORTANT RÈGLEMENT SUR LA PRESSE.

11 Mai 1868.

ARTICLE XIII.

« L'exécution provisoire du jugement ou de » l'arrêt qui prononce la suspension ou la suppres- » sion d'un journal ou écrit périodique pourra, » par une disposition spéciale, être ordonné, » nonobstant opposition ou appel en ce qui touche » la suspension ou la suppression. Il en sera de » même pour la consignation de l'amende, sans » préjudice des dispositions des articles 29, 30 » et 31 du décret du 17 février 1852 » (cherche, lecteur, pour ton instruction). « Toutefois, l'oppo- » sition ou l'appel suspendront l'exécution, s'ils » sont formés dans les vingt-quatre heures de la » signification du jugement ou arrêt par défaut ou » de la prononciation du jugement contradictoire. » L'opposition ou l'appel entraîneront de plein

» droit citation à la prochaine audience. Il sera » statué dans les trois jours. Le pourvoi en cas» sation n'arrêtera en aucun cas les effets de juge» ments et arrêts ordonnant l'exécution provi» soire. »

Tout là-dedans me fait l'effet d'être provisoire ; nous serons obligés de revenir là-dessus l'année prochaine. Si je siégeais, j'entreprendrais sur ce sujet une campagne d'interpellations, malgré *les rouheries* du jour.

« Cet article 13, » continue notre rédacteur, « est relatif à l'appel dans les trois jours de la » condamnation, mais elle formule (la loi) des » prescriptions que l'on peut impunément violer, » comme l'article 17 relatif au dépôt de deux » exemplaires du journal à la préfecture.

« *L'Electeur* (s'il est bon, quel heureux choix !) » étant poursuivi pour avoir omis cette formalité » du dépôt double auquel, en effet, la loi nous » oblige, ou plutôt voudrait nous obliger par son » article 17 ». (on ne peut pas le nier, c'est cruellement inutile, ce double dépôt à la préfecture ; pourquoi ne pas en exiger une douzaine ou un exemplaire par bureau !)

Cependant, les honorables et si honorés du palais Bourbon sont des hommes sérieux, même nos Bretons des Côtes-du-Nord !

« Mais la sixième Chambre, sans nier l'obligation édictée par la loi, a déclaré que *l'Electeur* » (le nom me plaît, il a plu à bien d'autres ; il a déjà au moins un enfant qui, certes, n'est pas bâtard) « n'avait commis aucune contravention » punissable, la loi ayant omis elle-même de » garantir par aucune sanction pénale l'obligation » qu'elle impose. »

« En conséquence, » (c'est le point important) « *l'Electeur* a été acquitté. »

Messieurs les juges, vous êtes inamovibles ?

Êtes-vous heureux !

Quel bon paratonnerre !

Mais ne vous y trompez pas...

Pas d'ambition.

Cependant, souvenez-vous longtemps du magnifique exemple du baron de Séguier et du courage inattendu de Monsieur Pinard.

Revenons à nos bœufs.

Si, dans la circonstance citée par *l'Union de*

l'Ouest, à propos du procès de *l'Electeur*, les juges de la sixième Chambre se sont montrés, comme toujours, modérés, et surtout indulgents, tous les juges de tous les parquets de France n'ont pas suivi ce bon exemple, qui pourtant était d'autant meilleur qu'il partait de plus haut.

En effet, si nous faisions un petit relevé des malheureux hommes de la presse qui, depuis l'apparition de la nouvelle loi libérale de 1868, ont été dans la nécessité absolue d'essuyer le banc de la police correctionnelle de la partie la plus large de leur pantalon, nous aurions beaucoup à dire, et mon petit volume prendrait des proportions déconcertantes.

Cependant, citons quelques noms avant de finir, tant pour l'édification du lecteur que pour la consolation des victimes :

L'Indépendant du Centre, condamné à 500 fr. d'amende ;

L'Avenir d'Auch, 1,700 fr. d'amende ;

La Discussion, de Lyon, 3,000 fr. d'amende.

Oh ! mais, c'est épouvantable !

Je ne continuerai pas, je craindrais d'effrayer tout le monde.

Et c'est que je n'ai pas tout dit pour ce dernier.... payer de l'amende, ce n'est pas une affaire quand on gagne de l'argent...., mais.... mais..., ce n'est pas de la salle de police seulement..., c'est de la prison qu'il a attrappé, et pas pour deux jours, s'il vous plaît, mais bien pour DEUX MOIS....

Il paraît que le cas était très grave. Il le fallait bien.

Enfin, lecteur, console-toi ; je n'ai plus que quelques lignes à écrire pour avoir satisfait à la loi et pour paraître immaculé à tes yeux.

Si encore j'étais en verve ?

Mais non.

Si, comme Feli Lamennais, je faisais faire un bain de pied de café ? Mais ma vieille bonne dit que ça coûte trop cher.

Si, comme Schiller, le poète allemand, j'étais au moins entouré d'une atmosphère de pommes cuites ? Mais nous sommes déjà en carême, et les pommes sont devenues très rares.

Si, comme Allan Edgard Poë, l'Américain, je pouvais reposer à l'ombre d'un alambic ?

Non, mon cher lecteur, tu sais que la rue que j'habite est loin d'offrir à ses habitants les parfums de la violette.

Elle ne m'inspire pas le moins du monde ; j'ai bon envie de déloger. Depuis longtemps le propriétaire me promet une maison neuve qu'il a projet de bâtir dans un quartier fort agréable. Mais promesse de propriétaire, c'est souvent paiement de locataire.

Assez.

Finissons-en.

Je crois avoir mes six feuilles ou mes cent pages d'impression.

Pour terminer au plus tôt, lecteur, sans entrer dans tous les détails de la loi, cela t'ennuierait, je vais seulement te citer mot à mot l'article III, celui qui m'a forcé à t'entretenir si longtemps. Il est un peu long, c'est vrai, mais c'est la mode depuis quelque temps.

LOI DU 11 MAI 1868.

Napoléon, par la grâce de Dieu, etc.

Extrait du procès-verbal du Corps Législatif, etc.

ARTICLE III.

C'est un des meilleurs de la couvée.

« Le droit de timbre fixé par l'article 6 du » décret du 17 février 1852 est réduit à *cinq cen-* » *times* dans les départements de la Seine et de » Seine-et-Oise ; à *deux centimes* partout ailleurs. » Le paragraphe 3 de l'article du 17 février 1852 » est abrogé. Sont affranchies de timbre » (je cite tout au long) « les affiches électorales d'un candi- » dat contenant sa profession de foi, » (il s'en trouve qui ne la contiennent pas), « une circulaire signée de lui ou seulement son nom. »

« *Le nombre de dix feuilles d'impression* » (voilà le moment, lecteur, prends tes lunettes) « *des* » *écrits non périodiques, prévu par l'article* 9 *du* » *décret du* 17 *février* 1852, *est réduit à* SIX, *et le* » *droit de timbre abaissé à* 4 *centimes par feuille.* »

Tu vois que l'article III, quelque favorable qu'il me soit, surtout dans sa dernière partie, m'oblige encore à produire au moins six feuilles ou cent pages d'impression, sous peine de payer quatre centimes par feuille.

J'ai préféré les donner aux pauvres de mon pays. Le gouvernement n'est pas à la veille d'aller mendier son pain.

C'est là tout le but de ma post-face.

Je gagnerai autant de fois *vingt centimes* que tu voudras bien me faire acheter d'exemplaires.

As-tu tout lu, lecteur ?

— Oui.

— Je t'en félicite ; tu as eu un mérite sérieux, n'est-ce pas ?

Et moi aussi, bien entendu ; donc, j'accepte d'avance tes félicitations distinguées.

A toi.

KERBORS,

ancien Solitaire en retraite.

ERRATA.

Page 72. — Amyot envoyé, paraît-il, — ajoutez *au Concile de Trente.*

Page 74. — Un grand orateur moderne aurait pu exprimer, — ajoutez *ainsi.*

Page 79. — Et plus tard, les lois du 9 fructidor, — lisez *la loi.*

Dinan. — Imprimerie Bazouge. — 1869.

www.ingramcontent.com/pod-product-compliance
Ingram Content Group UK Ltd.
Pitfield, Milton Keynes, MK11 3LW, UK
UKHW012241240726
13966UKWH00003B/1210